JN408713

곰내골 사람들

문학공원 시선 92

김윤득 시집

곰내골 사람들

억새는 허리가 휘어지고
구절초는 작은 미소 지으며
한때 아름답게 피던 망초꽃은 홀씨가 되어
한서리까지 날리는 그곳, 곰내골

문학공원

예순에 시집을 내면서

시를 쓴다는 것은 나의 내면의 문학적이면서 현재 있는 예술로 승화시키는 작업입니다. 즉 시를 쓴다는 것이 얼마나 인내를 요구하는 아픔과 고통인가를 나는 내내 느끼면 지나온 나날이었습니다. 시로 하루하루 보내면서 기쁨을 느끼는 것은 더욱 글쓰기의 어려움으로 어떤 때는 단 한 줄도 엮어내지 못했던 시간도 많이 있습니다.

이렇게 한 겨울처럼 시리고 차가운 마음을 서서히 녹일 수 있었던 것은 순전히 시를 사랑하는 참된 내가 있었고 나의 시를 사랑해주는 카스 친구의 향기가 묻어있었기 때문이었습니다. 늘 곁에서 친절이 독자가 되어 시를 향한 저의 에고를 이해해주던 사람들입니다. 이제 마치 긴 겨울잠에서 깨어나 새로운 미개척지에서 한발을 디뎌 볼까 마음을 다잡아봅니다. 이것 또한 시에 대한 사랑이 지나친 나머지 시의 비평가가 제대로 없는 현실에 대한 도발적인 시도이기도 합니다.

어찌 보면 생소한 분야에 대해 늘 도전하고 싶어 하는 저의 작은 끼를 제대로 발산하여 감히 시의비평을 활성화 시킬 수도 있을 것 같은 느낌입니다. 그래서 언제나 문학의 주변인이라는 시에 장르에 대한 인식을 변화시키고 싶은 마음 가득합니다. 시의 비평은 시의 신심으로 이해하고 시를 가장 잘 아는 사람, 가슴이 따뜻하고 비움의 길에 선 사람이 써야 독자가 시의 문학적 가치를 이해하고 같이 공감할 수 있을 것입니다.

과연 제가 그런 따뜻한 사람이 될 수 있을까? 나의 눈과 시선을 마주하기보다 비판을 위한 비판이 되지는 않을까 지금은 두려움과 걱정이 앞서 갑니다. 하지만 그 자체 부담보다도 더 커다란 용기를 내어 오늘 이렇게 책을 내게 됨을 계기로 정말 떳떳한 참다운 나만의 시를 쓰도록 게을리 하지 않겠습니다. 한없이 깊은 곳으로 몸을 낮출 수 있는 사람만이 더욱 높은 정점 까지 오를 수 있으리라는 믿음을 가지고 열심히 하리라 생각을 해봅니다.

마음 안에서는 부르고 싶은 이름들이 너무 많습니다. 소중한 모든 인연 엮어주신 분들에게 깊은 감사를 드립니다. 끊임없는 관심을 보여주신 저희 카스 친구 분들에게 고마움을 전합니다. 든든한 나의 버팀목인 우리 집사람 과 가족들에게도 미안함과 동시에 고마움이라는 말과 사랑이라는 말로 대신 전하고 싶습니다.

끝으로 고마운 두 분이 계십니다. 나에게 용기와 책을 내는데 크나큰 도움주신 분입니다. 스토리문학 발행인이시자 고려대학교 평생교육원 시창작과정의 김순진 교수님과 시인이신 스토리문학의 전하라 편집장님께 깊은 고마움을 전합니다.

2014년 초가을

김 윤 득 배상

차 례

1부
곰내골 연가

2부
물의 삶

3부
물속의 달

4부
나의 어머니

5부
나를 찾아가는 길

1부
곰내골 연가

곰내 연밭

해질 무렵 작은 바람이 인다
별빛이 연밭에 이슬이 되어 내려앉고
달은 밤과 낮을 버무려 내리고

곰내 연밭은 세상 모든 것을 받아들이는
큰 독이 된다

술이 익어가듯이 천년의 향이
익어가고 있다

홍어회 톡 쏘는 그 내음
백련에 앉아 출렁이고
이른 새벽녘 햇살은 백련의
향을 솟구쳐 올린다

곰내골 전원

거문산에 올랐더니
아름다운 곰내골이 한 눈에 보인다

듬베기 자락엔 붉은 단풍잎이 노을빛에 화장을 하고
아홉 산 산등성에는 오색 병풍 둘러치고
문부자집 은행나무는 하늘을 보고 서있네
명종 대는 흩어져 많이도 꽂혀있고
소산벌판 억새밭에 꼭꼭 찍은 일곱 가구
오순도순 나무연기 하늘종이에 그림 한 장 그리고
소산벌판 연기 꽃 하늘동네 구름같이 떠있고

곰내골은 어느새 연기구름에 가리네

곰내골 사람들

온종일 걸어온 놀빛이 저녁으로 기울자
사람 없는 곰내골 들녘은
볼거리 눈요기꺼리도 없는 텅 빈 공간이다
노인정에 머무는 이는
그림자가 이끌어 집으로 가고

한 잔하는 이는 한 잔한다
한 잔에 한 잔 더
위하여가 없어도
꼭 한 잔 더 한다

오늘의 모든 일은
잔소리로 일어나고
잔소리고 저무는
곰내골 구판장

달빛이 좀 더 기울자
불빛이 꺼진다

곰내골 친구

곰내골 곰솔 친구는
세상 돌아가는 거
다 놓았다면서
매일 막걸리 두어 병으로
가는 세월 잊고
오는 세월 무심으로 보내는데
늘 까만 봉지에 막걸리 두 병 가지고
이곳저곳 찾아다니는 곰솔 친구는
솔밭 숲에서 솔바람은 잡아도
딱 한 가지 못 잡는 것이 있다면서
투덜걸리네

마누라 성질머리…

곰내골의 가을 · 1

가을 해는 서어로 기울고
걸어가고 싶은 곰내골

억새는 허리가 휘어지고
구절초는 작은 미소 지으며
한때 아름답게 피던 망초꽃은 홀씨가 되어
한 서리까지 날리는 그곳, 곰내골

가을은 여운이 남아있어서
어여쁜 단풍잎을 매단 나뭇가지는
겨울 추위에 떨고 있네요.

곰내골의 가을 · 2

성난 파도처럼 밀려오는 곰내골의 찬바람
나무숲을 헤집고 지나가면 곰내골의
숱한 삶의 함성이 밀물된 뒤안길에서
푸른 산 나뭇잎은 쇄락해가고
여름밤 못 다한 사랑으로 하염없이 바라보면
곰내골에도 가을이 오는 것 같다

잠시 깊은 시름에 이별을 생각하고
두 눈이 촉촉하게 젖어오면 구릿빛 태양이
나의 팔뚝을 태우고 곰내골 들판에는
가을이 타고 있다

깊게 묻었던 개살구 빛 꿈들이
세월의 무게에 무너져 내리고
하늘을 사랑하는 곰내골 사람들은
낙엽의 조금한 신음 소리에 옷깃을 여미며
먼저 떠나신 어른들의 잠들지 못한
영혼의 노래하는 긴 겨울 은하에 이른나

곰내골 아카시아 꽃향기에 반하다

요염한 여인의 파운데이션 향기처럼
이른 아침 작은 바람에 날아온 아카시아 향기에 취해
그 향기 따라 곰내골 투어를 한다
오늘 아침 곰내골 연밭에서 이어지는 홍류저수지 둑 옆은
온통 아카시아 군락지였다
주렁주렁 팝콘을 매달고 서있다

유난히도 배가 고팠던 유년시절 5월의 하굣길
아카시아 꽃은 냇가길을 따라 걷는 나의 유일한 친구였다
강냉이죽 얻어먹고 종일 허기진 우리들은
가지에 매달린 꽃을 따서 쪽쪽 빨며
시간 가는 줄 모르고 입이 시퍼래 지도록 먹었지
해가 서산에 걸리고 나서야 집으로 가면
소몰이 가야하는데 늦게 온다고 엄마한테 야단맞던
그때 그 아카시아 꽃

되돌아보면 우리의 유년시절은 아름답기만 했고
오늘 그 기억을 따라 곰내 한 바퀴 돌고

철마초등학교에서 등굣길로
아카시아 꽃 따라 올라오면서 추억을 따올린다
곰내골 끝자락에서 한 입 따 빨아본다
그때 그 맛이다
그때처럼 참 달다

곰내재 식당

철마에서 정관으로 가는 구길로
돌고 돌아 따라가면
두 지역의 틈새를 메우고 있는 곰내재
등산객들의 뜨거운 심장을 잠시 식힐 겸
시장기를 채우기 좋은 곰내재에는
간이식당이 있다

그곳에는
투박한 손으로 삶아낸
잔치국수와 칼국수가 우리를 맞이하고
바다와 육지가 만난 해물 파전이 일품이다

홀딱 벗은 쌀은 허옇게 발효시킨
동동주가 있는 곰내재 식당
꼭 들러서 한 잔 걸친다

손이 넉넉한 주인아저씨 서빙에
한 마디씩 던지는 투박한 사투리와
욕심 없는 너털웃음 안주삼아

오늘 하루 피곤함을 삭히는
곰내재의 곰내식당

지금 이 시간에도 주인장 너털웃음에
삼삼오오 모여있겠지

곰내골 마을에도 가을이 옵니다

곰내 마을에도 가을이 옵니다
해질녘 앞마을 미동에는
어스름이 붉은 빛이
내 앞에 들어오네요

그렇게 넋놓고
눈시울 붉히고
한참을 앉아있었습니다

온 들녘은 모두 샛노랗고
고요만이 내려앉은
텅 빈
들녘에도 가을이 오네요

연꽃 · 1

아무도 머물지 않은 곳
진흙탕에
질퍽하니 발 빠뜨린 채
깨끗한 향기를 쏘아 올리는
그녀

어둠이 내리면
무언으로 입을 다문 채
고개만 숙이는 그녀

어둠이 가고
아침 햇살이 오면은
입을 열고
향기를 세상에 내뿜는 그녀

햇살과 이슬은
연 잎으로 온 세상
빛으로 덮으리

연꽃 · 2

천년의 썩은 진흙에서
슬픔보다 더 깊은 곳에
구름처럼 피어나네

그윽한 천년의 향기
가슴에 품었다가
새벽녘이면 나에게 다 뿜어주네

어제는 그대가 나의 꽃이듯이
오늘은 나 그대의 꽃이고 싶다

천년의 아픔 딛고
천년의 진흙 연못에
바람 따라 구름 따라
피어나는 연꽃이여

그대와 나 맺어진 인연을 가슴에 묻었다가
천년의 꽃으로 피어나리

연꽃의 향

우수에 젖은 여인처럼
눈물을 머금고 슬픈 미소 지으면
새벽녘에도 애잔하다

꽃잎이 이슬에 젖을까 안쓰러워
기나긴 밤을 함께 지새운
연잎이여

보고 또 보아도
질리지 않은 그대여
나는 그대의 아름다운 향기로 숨을 쉰다

아름다운 향기 황홀한 향기
우리네 사람도 숨 쉴 때
그대처럼 향기를 뿜을 수 있다면
이 모진 삶이 향기로울 수 있을 텐데
그대의 향기에 싸인 나의 삶은
참선에 든다

우리 집앞 연밭

이른 새벽, 안개 낀 연밭
연잎에는 밤새 이슬을 가득 머금고 있다
비울까 말까
연잎은 흔들흔들 춤을 춘다

어디선가 불어온 바람이 거들어주면
연잎 위 이슬은 조르르 쪼르르 떨어진다

연잎 아래 살짝 숨어서
수줍은 듯 고개를 내민 꽃봉오리 하나
얼마 후면 성숙한 꽃을 피우겠지

이른 새벽 연잎 아래 앉아서
무슨 소리인지 듣고 있다
쪼르르 물 비우는 소리

연잎은 무거웠던 허리를 편다

곰내골에서

곰내골에 어둠이 축 늘어져 있다
그리고 시간들은 말없이 집을 나선다
어디선가
고라니 한 마리 쯤 달려올 것 같은
초저녁이다

또 하루가
이렇게 어둠에
묻히고 마는
곰
내
골
이
다

2부
물의 삶

고행

– 연꽃

천년을 삭힌
슬픔보다 더 깊은 곳에 있는
중생을 구하고자
그윽한 천년의 향기
가슴에 품었다가
그 향기 새벽녘에
다 뿜어내고
무언으로 떠나네

가슴에 담은 꽃

내가
그를 알기 전에는
그가
꽃인 줄 몰랐더이다
다만
스쳐가는 하나의
들꽃인 줄 아랐더이다
지나가는 바람에
향기가 나더이다
그의 꽃에서 또 다른
꽃으로 승화시키더이다
이제는 난
안보면 보고 싶은
꽃으로
나의 가슴에 담았더이다.

그리움과 나

그대는 그리움이고
나는 기다림이다

어느 추운 겨울날
아무런 말도 없이
내 마음을 송두리째
앗아간 그대

첫눈 내리던 날
내 가슴에 하얀 그리움을 뿌리고
기약도 없이 떠나간 그대

내가 따라갈 수 없는 곳으로
멀리멀리 가버린 그대
내가 잊을까 싶어 잊지 못하게
화장을 곱게 하고
얼굴에 외로움을 가득 머금은 채
가버린 그대

나는 외로운 기다림을 뒤로 미룬 채
기약 없는 세월을 삼키고 있다
때론 혹여 잊을까 싶어
그대의 화장한 모습이 보일까 싶어
허공을 바라보고 있다
외로움을 한없이 토해내고 있다

그대가 돌아오기만을 기다려온 세월
기다림조차 잃어버리고
나 자신을 잃어버린 채
나는 어느새
백발이 되어 있었다

이젠 내가 그대를 보내려 한다
말없이 돌아서려 한다
그리움 보낸 세월
기다림으로 보낸 가슴
무엇으로 채울까

공허

해는 서산으로 미끄러지고
가로등 불빛만 저만큼 보이고
집 앞 텅 빈 감나무 사이로
눈이 오려나
바라보고 있네
날은 캄캄한데
나의 머리는 더욱
맑아지니
하늘에 별빛이
달그림자 비추네
아…
달이 계곡으로 살포시 내려앉네

이제 잠을 청하네

그대와 나

간절히 바라면
사랑이 어디에 있는지가
중요하지 않나 봐요

내 사랑 그대 찾아
영혼이 그곳까지 가고 오나 봅니다

하룻밤에 그대가 계시는 곳에
갔다가 오곤 합니다

너무 슬퍼마세요

우리의 만남의 시간이
점점 가까워지는 것 같아요.

참
고운 그대
내 사랑이여

꿈

칠흑 같이 어두운
밤길을 거닐면
나는 달빛을 향해
당신을 바라보며
꿈을 꾼다
별이 슬퍼서 울다가
나의 별들을 가슴에 품고
밤마다 당신을 품는다
새벽이슬이 머물다
간 자리 연잎은 고운 향기가 되고
아침 햇살은 세상을 향해
나의 꿈들을 날갯짓하리라

도랑

긴 잠에서 깨어보니
도랑에 물이 흐르는 구나
올 듯 올 듯하던 봄비가
한 바람 스치고 지나가더니
도랑에 물이 흐르는 구나
묵은 낙엽은 도랑물 따라
가고
나의 마음도 도랑물 따라
넓은 세상으로 흐르는 구나
쪽박새는 슬픈 사연을 담아
도랑물 따라 날으고
물총새는 도랑 따라 왔다갔다
드나들고
나는
푸념의 시간만 간직한 채
도랑물을 바라보네

물의 삶

백운산 홍류계곡
끊어질 듯 이어진 그곳에
세월의 매듭을 풀고 있는 듯한
물줄기

바위를 뚫고 흘러내리는
홍류계곡 물
한나절 지나서야 저수지에
머물고

저수지 둑길 섶에서
곰내골 심장소리 듣는다

가끔은
작은 바람 소리에 실려 온
도타운 이웃들 소식
귓전으로 흘려 들으며

홍류저수지에 머문다

마음의 쉼터

지친 마음이 쉴 수 있는
의자 하나쯤 마련해놓고 싶다

삶이 고단한 사람
지치고 힘든 사람
몸과 마음이 신음하는 사람
언제라도 찾아와
편안하게 쉴 수 있는 의자 마련해놓고 싶다

노곤한 마음 풀어놓아
다시 희망의 일기를
쓸 수 있도록

빈집

내가 떠나온 골목
구슬치기 제기차기 깡통차기 숨바꼭질…
내 어릴 적 놀이들이다
정월달이면 들판에서 연날리기와
냇가 얼음 위에 설매타기에
친구들이랑 시간가는 줄 몰랐다
해가 지고 어둠이 내리면
다른 아이들은 엄마가 데릴러 오는데
가난에 바쁜 내 엄마는 보이질 않았고
나는 언제나 혼자였다
홀로 집으로 들어가면 엄마가 안 계시는 집
나는 쓸쓸함과 어두움과 싸워야 했다
기다림과 추위에 지쳐 배가 고프면
당연히 혼자서 찾아먹어야 했다
아무도 없는 빈집에서 늘 외로움과 싸워야 했다
그래서 나는 지금까지도 홀로 있는 것에 익숙해져 있는 것 같다
나는 빈집이 너무 싫다
쓸쓸한 골목에 외로운 빈집
지금의 이 빈집에도 한 아이가 홀로 놀고 있다

그리움

기다림은
애타는 그리움이다
그 그리움이 있기 때문에
나는 마음에 비원을 간직한 채
끝없이 기다린다

나의 그리움 누가 대신하리
새는 자유로이 하늘에 날갯짓하지만
스스로 하늘이 되지 못하듯이
나는 온종일 펄럭이는 풍경으로 피어
그대 오시는 길에 수풀에 새기고 있다

바람 속에 살 섞으면 바람이 되듯이
그리움에 적시어 그리움이 된다

그리운 사람아

눈 감아도 눈 떠도
생각이 나던
아름다운 사람아
혹시 만날까 나선 거리
갈 곳 다 가보아도
못 만나던 날이면
울고 있던 내 마음
무어라 말할까
그리운 사람아
하루가 멀다 하고 만났던 우리
온 세상이 우리들 것만 같았지
그리운 사람아
생각에 잠겨 거리를 걷다
어깨를 툭 치는 사람이 너라면
얼마나 반가울까
우리는 갑자기 힘이 솟을 거야
그대 마주잡는 손도 더 따뜻하겠지
꿈에도 그리운 사람아

목련의 삶

성질이 급해
봄을
기다리지 못한 채
나의 모든 것을
다 내놓았거늘
눈 먼 겨울은
나의 우아함을
무참히 짓밟아버리고
아, 아…
이 추한 모습
그대에게 어떻게
보일까

3부 물속의 달

들꽃

당신과 함께 바라보았던 강물은
하얀 눈으로 덮여 쓸쓸함만 더 합니다
눈부시게 다가올 것 같은 당신이었지만
알 수 없는 슬픔 노을빛에 가려서
가슴에 남은 그리움은 지워지지 않습니다
그리움 마음속에 남아 달빛 안고 돌아서는
발자국마다 눈물이 어립니다

무지개 골짜기

홍류계곡의 서글픈 물소리
가슴이 막혀 얼굴이 창백한데
수도암 종소리는
하염없이 울려주려나
지나가는 나그네
가슴으로 그리며 눈물짓는다
쇠주 한 잔에
신세타령을 해본다
나는 가을바람에 불려
이곳저곳 휘날리는 낙엽이 되려나 보다

물속의 달

긴 세월
아무리 기다려도 오지 않을
보고 싶은 얼굴
바람처럼 날아가버린 그대의 얼굴
둘이서 거닐던 낙동강 뚝
오늘은 기러기되어 낙동강을 날아본다

구름 한 점 없는 낙동강의 밤에
나의 영혼은 달이 되어 물속에 들어간다

내 마음의 구름이
물속의 달을 지워버리는 오밤중
섬진강 강가 모퉁이 가지에
정겹게 앉아 스러지는 노을

눈물겹도록 아름다운 섬진강 저녁햇살이
천연덕스럽게 제살을 깎아
강물 위에 비추고 있다

할미꽃

그렇게
넋 놓고
눈시울 붉히는
꽃봉오리

고요만이
내려앉은 그곳에
홀로 앉아계신
곱상하게 늙은
할머니 한 분

웅천 홍류동 계곡

새잎들이 어우러지는
그 장엄한 생명의 노래만으로
봄은 충분이 아름다운 것이다

웅천 수도암 들머리는
겨우내 움츠렸던 뭇 생명들이
일시에 깨어난 듯
차라리 환하기까지 했다

꽃이 피었는가 하면 지저귀고
어슷어슷 햇살이 드는 곳에서
여린 잎들이 속살을 보여줄 듯
투명하게 빛나고 있어서니
나의 걸음은 더딜 수밖에 없었다

아름다운 길을 걷는다는 것은
좋은 글 한 줄 읽는 것보다
나은 일이다

길은 그 자체로
이미 선물과도 같은 것이지만
그가 더욱 매력적인 것은
그저 지나쳐 버리도록 내버려 두지 않는다는 것

자꾸만 발목을 잡아챈다

철마의 가을

철마의 가을은
장전 구곡천으로
그 고즈넉한 아침 안개로부터 열리나 보다
어제 이른 새벽 산책길에 만난
구곡천 안개는
황홀 그 자체였다
시나브로
철마의 가을은
그렇게 깊어만 가고

봄이 온다

어제는
없는 듯한 봄이
오늘 왔노라
그 추운 겨울이 얼마나
긴 세월이었는지
나는 알았노라
젖어오는 눈물을 지울 수 없어
긴 겨울 동안 가슴에 품고
솜이불 덮고 살았노라
겨울은 새하얀 솜이불
봄을 기다리는 일념
하나로 마음에 품고
그 답답함을 참았노라
이제 솜이불 걷어내고
붉게 물들어진
내 모습에 당신이 온 듯
봄이 왔노라

봄이면 만나고 싶은 그대

뾰송뾰송 돋아나는 봄꽃
그리고 그리움 하나 둘
잎이 피는 봄이면
따뜻한 날씨처럼
나의 마음도 따뜻한 사랑으로
봄꽃 너를 만나리라

저 산 푸르게 물들어가는
나의 아름다운 젊은 날
그때 그 시절 사랑으로
그대에게 봄길 따라 가고픈 마음
캄캄한 초승달이 뜰 때
내 마음은 너의 보고픔에
가슴 아리어온다

떠나간 너를 아파하면서
보내야 하는 나는
이 밤에 잠 못 이루고
뒤척이고 있는 나는

지금도 봄이 되면
우연이라도
그대를 이봄 오는 길목에서
만나고 싶다

새벽녘에

이른 새벽녘
창밖을 내다보니
아직은 캄캄한 기운이 감돌고 있다

지난날
그토록 추웠던 겨울마저도
이제는 따뜻한 기운마저 흐르고 있다

금방이라도 봄비가 내릴 것 같아
창밖을 내다보니
날씨는 그렇게 울고 있다

어느 바람결에 날리어 왔는가
무슨 인연으로 왔는가
손이 아리도록 시린 이날

세상근심 모두 놓고
오고 가는 이 시선도 잊은 체
홀씨 하나는 그렇게 자라고 있다

우리 집 살구나무

중산 넘어 나뭇가지에
봄바람 솔솔 불어오더니
시나브로 봄비가 내리고
시냇물은 졸졸
버들강아지 비추고
봄 향기는 산으로
봄마중 가서 산수유꽃을 피우네
산과 들은 봄노래를 부르고 있네

우리 집 뒷마당 살구나무는
내 마음을 알고서 붉게 피어오르네
집 떠난 울 엄마
살구꽃 피면 오시려나
살구나무야
네가 좀 알려주련

민들레

너는 늘
그 가지에 있었구나

민들레야
쉬엄쉬엄
뒤돌아보아도
보이지 않았는데
끄떡끄떡 앞길로
간다

손뼉을 쳐도
너는 보이지 않았는데
바로 길 위
그곳에 네가 있었구나

못밥이 그립다

모내기가 벌써 끝났다
불과 일주일도 채 걸리지 않아서
옛날 같으면 한 달 이상 걸렸을 텐데

철마 앞들은 물론이고
천수답도 골짜기 다랑이 논들도
연초록 모들로 넘실거린다

한때 타작밥과 더불어
가장 인심 좋던 못밥
이웃은 물론이고
지나가는 낯선 이들에게까지
골고루 나눠먹던 못밥
못밥을 먹을 때는 동생을 업고 한 명은 데리고
가서 먹는 게 못밥이다
마음씨 고약한 집에는 못밥 얻어먹으러 가면
할머니가 눈치를 준다

그래도 배불리 먹을 수 있는 게 못밥과 타작밥이다
그 힘든 보릿고개 무렵에도 못밥만큼은 인심이 후했다
배불리 먹을 수 있는 것도 모 밥과 타작 밥뿐이었다

학교 점심종이 울리기 무섭게 엄마가 모내기하는 집이나 들로
한 걸음에 달려가 얻어먹던 못밥
못밥 반찬은 어느 집이나 비슷했다
하얀 쌀밥에 미역국, 납세미 찌진거, 두부조림, 멸치볶음, 오이 김치…
좀 사는 집에는 돼지고기 두루치기 못밥은 고두로 가득했다
집에서 담은 막걸리까지 20명 넘는 일꾼들이 우리 마을에는 모래[1] 소나무 아래
장밭탄[2]에 소나무 아래 있던 지금의 연꽃단지
아니면 당산에는 한 달 이상 못밥을 먹는 곳이다
꿀맛이었다

1) 우리 마을 지명
2) 우리 마을 지명

그런 못밥이 요즘 사라졌다.

이제 우리들 농촌에는 못밥도 없고 타작밥도 없고 품앗이도 없어졌다

요즘은 이양기가 한나절 부릉거리면 옛날에 20명 일꾼이 종일 심을 모를 하루 만에 후다닥 해치운다.

주말에 식구끼리 부자간에 축제 하듯이 하루 만에 해치운다.

점심때가 되면 중국집에 휴대폰 꾹 눌러 짜장면 짬뽕 만두는 서비스로 따라온다

논두렁에 퍼질러 앉아
도타운 이웃과 오순도순 나눠먹던
못밥이 그립다

다시마의 삶

시멘트 바닥에 길게 누운 다시마는
유월의 맑은 하늘을 바라본다
며칠 후면 예쁘게 꽃단장하여
전국으로 시집가겠지

어느 집으로 갈까
부잣집으로 가든지
가난한 집으로 가든지
다시마는 누워서 별 관심이 없다

다시마는 다시 마
만나지 못하는 인연이다

잘 가라
가거든
다시 물 많이 내거라

이른 아침

우리 집 마당 담장 아래
제비꽃 살랑살랑 임 맞이하고 있다
감나무 잎은 이슬 머금고
벗 대하듯이 살며시 얼굴 내민다

지난 밤 찾아온 비
밤새 창문 두드리는 소리는
내님 가는 눈물의 소리였네
내 마음은 꽃잎에 앉아
이슬 눈물 흘리네

나무 아래 앉아서

조용한 산사에 바람조차 졸고 있는데
때 아닌 풍경소리가 번거롭다

성난 파도처럼 밀려오는
숱한 삶의 함성

밀물이 되어 뒤안길에서 소리 죽인
육신의 낮은 몸짓을 보는 것 같다

어느새 해거름이다
땅거미 내릴 때까지

보잘 것 없어도
내 가진 것을 사랑하리라

비

부산을 향해
운전을 하며 가고 있다

밤새 내리는 비는
사랑하는 그대의 눈물인가

그때도 봄비가 내렸는데
지금은 어디서 비를 맞고 있을까

그대를 그리면 그릴수록
자동차 불빛 사이로 내리는 밤비

내 육십이 가까워지니
그때가 참사랑이었음을 알겠네

빗물

후드득후드득 그칠 줄 모르고
밤새 비가 내리고 있다
이렇게 내리는 비는 다음날까지 이어진다
하루 종일 비가 내리는 날이면
빗물을 그냥 흘려보내기가 너무 아쉽다
깨끗한 유리병에 담아 두고두고 보관했다가
그대 마음이 갈증날 때
한 병씩 드리고 싶다

찌는 듯한 무더운 여름날
쏟아지는 소나기처럼
그대의 마음이라도
빗소리처럼 시원했으면 하는
그런 아침이다

여름 소나기

온다는 기별도 하지 않은 채
요란하게 소리를 내더니
나의 가슴을 적시고
사랑의 무지개 띄운다

간다는 말도 하지 않은 채
흔적조차 남기지 않고
가버리고 나의 가슴에
눈물만 남았네

내 가슴을 적신 눈물은
너무 뜨거워 안개꽃을 피우고
사랑 노래 뿌리고
하늘로 갔네

여름

한 평 남짓한 골방에
식은 커피를 뒤로한 채 밤을 새운다

새벽녘이다
반가운 손님이 오나 보다
또르르
나의 창을 때리는 청아한 소리
내가 제일 좋아하는 그대의 소리

우두커니 창가에 앉아
넋두리 한 서리 내뱉어도
싫은 기색 없이 들어주고
살아있음은 고마운 것이라고 밤새 토닥여준다

긴 세월이 지나서야 지금 깨닫는 나
오늘도 나만의 창에 여운을 간직한 채
미치도록 보고픈 너의 모습과
그때 그 소리 찾는다

씀바귀

높고 넓은 하늘공원 위를
지나가는 바람이여
처진 잎사귀는 왜 흔드는가
꽃씨 날리는 씀바귀
바쁜 일상 보내겠지만
간간이 뒤돌아보며
힘을 내라 이른다

상사화

그리움 가득 안은 채
양지에 자리 잡은 너
부질없는 사랑은 왜 했던고
보기조차 가냘픈 너의 모습을 볼 적마다
떠난 임이 날 부르는 듯하구나
이름만큼이나 여린
그대여
가냘프고 아름다워도
너나 나나 못 잊는 것이
멀리 있는 사랑 아니더냐

홀로 핀 들 꽃

저 들판 모퉁이에
홀로 피어 있는 꽃
무슨 꽃이길래
이 추운 날에도 흔들림 없이
저렇게 꿋꿋이 피어있단 말인가
모진 세월
얼마나 매 맞으며 피었길래
옆도 돌아보지 않은 채 홀로
외로움을 노래하는가
살아가면서 또
얼마나 외로움을 당했으면
꽃씨의 흔적을 남기고 가는가
또다시 꽃이 피는 날
그는 외로움과 추억
그 시간도 모두 잊을 것이다

잎사귀

저 구름이
가을비 되어 내리는 날
곤한 가지엔 붉은 낙엽이 웃는다

깃털 같은 바람에
그대는 떠나고
힘을 내라 이른다

낙엽은 날리고
떨어진 잎사귀에
햇볕이 쪼이네

서쪽으로 가는 가을

서쪽으로 가는 햇살
단풍나무에 걸터앉아
가던 길 까마득하게 잊었나 보다

그리움으로
어둠이 깔리며
홀로 된 것을 아쉬워하네

늦은 가을

소복소복 내려앉은 낙엽
하늘은 오늘도 가을을 덮고 있고
가을은 떠나기 싫어
싸우다 지처 산 넘어 내려가고
겨울은 보란 듯이 힘차게
나의 지친 몸을 감아올린다
아 춥다
앙상한 나뭇가지를 맥없이 포기하고
이유 없이 떠나버린 낙엽
겨울은 나뭇가지 사이로
강하게 몰아붙이고
나는 포기한다
겨울은 홀로 남겨진
외로움의 계절
여백의 계절
그녀는 첫눈이 오기만을 기다리다가
이유 없이 그냥 가버렸다
내년 봄 나를 찾을
그날이 오기를 기다리자

마지막 잎사귀

작은 바람에
떨어지는 순간이다
그토록 애태우며 매달려야 하는지
꿈틀대는 수치심마저 버리고
낙엽은 조그마한 신음소리를 낸다

붉은 옷깃 여미며
잠들지 못한 내 영혼은
노래하는 은하에 이르고
바람조차 졸고 있는
때 아닌 코스모스가 번거롭다

한 포기 들꽃에게 생기를 불어넣어주듯
차가운 시련으로 맺힌 사랑은
내 영혼에 생기를 준다

부산에 내리는 첫눈

부산에도
눈이 옵니다
잎사귀를 원래 있던 자리로 보내고
힘없이 서있는 가지에
첫눈이 쌓여갑니다
외로움에 지쳐
홀로 몸조차도 가누기 힘든 가지에
가벼운 눈이 쌓였는 대도
힘들어 눈을 떨어냅니다
들과 산
그리고 나의 마음마저 하얗게 색칠하는
부산의 첫눈
첫사랑 그녀 가슴도
하얗게 색칠하겠지요
하얀 하트를 그리겠지요

첫눈 · 1

부끄러운 듯 미소 지으면
내 앞에 나타날 것 같은 당신이었지만
하얀 눈꽃송이에
그만 길을 잃으셨나 봅니다
아침마다 눈을 뜨는 순간 행복했습니다
아름다운 당신이 있어서
더 행복했는지도 모릅니다
당신이 좋아서
눈물을 쏟아내야만 했습니다
첫눈이 내리던 날
그토록 기다렸지만
이런 날은 그리움 되고
당신은 길을 잃으셨나 봅니다
당신을 향한 그리움이 쌓여갈 즈음
내 하늘에선
또 다시 하얀 눈꽃이 내립니다

첫눈 · 2

펄펄 눈이 옵니다
부산에도 눈이 옵니다
온 천지를 덮고 눈이 옵니다
나는 마냥 신이 나서 뛰어놀고 싶은데
이놈의 나이가 마냥 걸리네요
오, 누리에 하얀 세상을 이고 있는 가느다란 나뭇가지가
힘이 없어 눈을 떨어뜨립니다
아무도 보이지 않은 어둠을 헤치고 내린
올 겨울 첫눈
밤을 하얗게 소복히 쌓아놓았네요
살며시 첫눈을 살며시 먹어봅니다
옛 친구를 생각을 해봅니다
친구들도 눈을 먹어 보고 있겠지요
첫눈을 맞으며 기억이 선명한 하루를 보냅니다
나의 첫눈은 더 이상 버티지 못한 채
햇살한데 아름다운 실체를 망가뜨리고 맙니다
그리움을 뒤로하고 아쉬움 만 남긴 채

4부
나의 어머니

나의 기도

돌담장 모퉁이 그리움에 떨고 있는
저기 저 꽃을 피어나게 하소서
나의 사랑에게
푸른 잎이 돋아나게 하소서
나에게 사랑을 찾아갈
날개를 돋게 하소서

돌담장에 딱 붙어 타고 올라가는
저기 저 담쟁이풀
타고 올라갈 길을 열어주소서
나의 사랑길 찾아가게 하소서

저기 저 아스팔트 위에 꿈틀거리는
저기 저 지렁이
자동차가 오기 전에 지나가게 해주소서

나의 삶도 저렇게
힘들게 가고 있는 중이랍니다

눈물 없는 울음

비가 오려나 보다
울 엄니가 아프다고 하신다
집 앞 논에는 개구리 형제들이
통곡을 하고 있다

사랑하는 그대가 오시려나 보다
뜰 앞에 살구꽃 봉우리
미어터지는 소리에
밤새운 새벽비가 내린다

밤 내내 내린 비에
잠 못 이루고
식은 차 한 잔에 새벽이오고
마른 가슴 한 더미 태워버린다

남은 재가 변했을까
불탄 가슴에 작은 꽃이 되어
지나가는 바람에 한들거린다

어머니

당신은 43세에 나를 낳으셨고
그해에 아버지가 돌아가셨다
홀로 보따리 장사 하시면서
우리를 키우셨다

내 나이 30이 되자
어머니는 73세이시다
많이도 늙으셨다
살아간다는 핑계로
효도 한번 못하고

내 나이 40에
어머니는 83세이시다
어머니는 많이 아프시다
어머니가 나를 업고 병원을 찾았을 때
나는 3일 만에 퇴원을 했다

이제 내가 어머니 업고
병원을 찾았다

어머니는 못 일어나신다
정성이 부족한 것일까

나의 어머니는 끝내 퇴원하지 못하시고
한 송이의 꽃처럼 씨앗을 맺은 놓고
오신 길로 되돌아가셨다

그리운 어머니…

상처

어느 해였던가
당신이 떠나던 그날
나는 그날 어둠속에서
당신을 애타게 찾아 헤맸다
찰라찰라의 시간들이
아픔 아닌 적 없다
끝내 그늘을 찾지 못하고
외로움에 굶주렸던 나
이제 외로움마저 곁을 떠나고
애써 홀로 서서 돌아보니
나마저 찾아볼 수가 없다
지금까지 무엇을 그렇게 찾아 헤매였던가
내가 왜 내가 왜
물어볼 그리움마저 없는 지금은
그리움 외로움 모두 다 떠나고
상처뿐이다
그것이 인생이라면
나는 결코 그대를 따르지 않으리

기장 사람

어둠이 채 가시기도 전에
등대 불빛을 길 삼아
수평선을 나서는 노 부부
잠이 채 깨기도 전에
잠을 깨우는 저 뱃소리
멀리 사라져가는 노부부는
어둠을 싣고 가는가 보다
한나절보다 더 한나절 지나서야 돌아오는
저 배는 고기는 없고
어둠을 싣고 다시 온다

이른 아침에 연꽃은 이슬에 젖어
우리의 마음을 청정하게 하여주고
연의 발은 더러운 진흙탕에 빠져 있어도
중생의 고달픔을 알고
향기를 내뿜어 온 누리에
바람 따라 보내고
연꽃은 입을 다 문채
무언으로 설법하네

없네

마침내
놓을 거 없는 시점에
서 있다
없다 없네
그냥 없다
그런데 와이리 편안하누
부러울 게 없는데
안 편할 일 있나
없다 없네
그냥 하늘만 바라볼 뿐

불속에 연꽃이 피었구나

비밀

내 안에
또 다른 당신이 존재하네요
비밀입니다
말을 할 수 없어요
그래도 당신 때문에
때론 행복하답니다
가끔 혼자서 웃고
혼자서…
보고플 때 그리워하기도 합니다
그래서 나는
남 몰래 행복하답니다

사랑 · 1

나의 사랑
내려놓으려 하지 말자
그대 사랑하는 마음
비우고 가벼워지면
이 다음 생애
그대 만나서 줄 것이 무엇이랴
그대 사랑하는 마음
아픔이라고 여기지 말자
무겁지 않으면
내려놓으려도 하지 말자
이 다음 세상에서 너를 만나면
받을 것이 무엇이랴

사랑 · 2

나 이제
널 내려놓을까 싶어
그 옛날
아름다운 너와 나의 사랑
한 잔 술에 취해
못 다한 사랑
못 다한 말 비우련다
나에겐 너무나 아픈 사랑
그동안 짓눌렸던 사랑
아픈 추억 벗어버리고
이제 널 잊으련다
이제 널 놓으련다
내 영혼 꽃이 되어
내 마음 바람 되어
저 높은 곳에 구름되어
머물러줄래

첫사랑

좋아하는 사람이 있습니다
어느 날 나에게
아침이슬처럼 살며시 다가온
당신을 사랑하고 싶어요

내 모든 걸 다 주고도
사랑하고픈 사람이 있습니다
늘 생각나게 하는 사람이 있습니다

사랑한다고 말을 못해도
사랑한다고 가슴으로 말을 하지요

길 가다가도 가끔
뒤를 돌아보게 하는 사람이 있습니다.
얼굴만 떠올려도
좋은 사람이 있습니다

맑은 하늘만 바라보아도
그 사람이 자꾸 떠올라요

작은 미소를 지어도 행복해지는 걸
첫사랑이라고 하나 봅니다

당신을 사랑한 뒤로 내 가슴이 벅차서
터질 것만 같습니다

처음으로 사랑하나 봐요
내가

사랑의 아픔

그대 마음 아프게 하셨나요
그리고 슬프게도 하셨나요
봐요
잘 하셨어요
그대도 아프고 슬프고
느껴보아야 합니다
그대 가슴에 고드름 얼게 하시고
바람까지 불게 하세요
이제 조금이라도
사랑을 아프게 하면
안되다는 걸
알 거예요

인생

흘러가는 것이
어찌
구름뿐이겠는가

인생은
유수인 것을
바람인 것을

나도 참
가는 줄도 모르고
나부대기는

슬픈 사랑

그대는 내 가슴에 아무것도
남겨두지 않은 채
마음 한 자락 끝에
슬픔만 두고 떠났지요
그 흔한 작은 미소조차
남겨두지 않았지요

그대를 생각하는 시간조차
세월이 갈수록 짧아지는 것을 느끼네요

따스한 바람만 불어도
그대 생각을 하면은
살며시 눈물이 흐르곤 합니다

어두운 밤에는 고요한 가슴에
달을 보면은
무너지는 듯한 외로움에
당신을 그려 봅니다

그리움에 잠 못 이루고
아침을 맞이하며
슬픈 사랑 노래를 불러봅니다

사랑의 기도

내 잘못 때문에
그대 사랑이
힘들지 않게 하여 주소서
그대 가는 길에
언제나 빛을 비추어주시고
그림자처럼 따라다녀 주소서
그대 하나뿐인 사랑이
늘
그대랑 함께 가슴에 담고
그대랑 인연이 다하여
이별의 시간이 되면은
같은 날 같은 시간에
같은 하늘 아래
잠들게 하소서

하루

날이 밝으면
이슬이 되어
연잎에 머물다

아침이 오면
바람이 되어
무작정 날고 싶다

무거운 옷을 벗어버리고
내가 아닌 내가 되어
가장 멋진 모습으로

가난한 사랑을 간직한
사람을 찾아가
함께 보내고 싶다

삶의 자유

거미줄에 걸리지 않은 삶을
나 자유롭게 즐기고 싶네
바람이 불어도
아무렇지도 않은 삶처럼
내 마음은 바람처럼 청정해지고 싶네
내 가슴 깊은 곳
힘들고 어려운 일이 있어도
흔들리지 않고 살고 싶네
내면이 깊이 스며드는 곳에
오늘도 갈대처럼 초연히 살고 싶네
어떻게 하면 조용하고 고요한
내 가슴속 깊은 곳에다
그 따스한 나의 마음을
보관할 수 있을까?

무상

기웃기웃 서성이는 바람이
꽃이 진걸 이미 아네

이슬 말리던 바람은
한순간에 지나가네

하늘 밑에 사람들은
아름다운 향을 저녁들판에 날릴 때

고운 인연은 노을에다 곱게 묻고
사라지고 마는 것이라 노래하네

기다림 · 1

홀연히 떠나버린 그날 밤
초목은 깊은 잠에 젖어들고
뻐꾹새 슬피 울었다
무정한 구름은
달빛 환송 받으며
우리 님을 태우고
너무 멀리 가버렸다

간밤에 내리는 비는
내 님의 슬픔인가
내 님의 노래인가

홀로 보낸 세월 얼마인가
안타깝고 청량하네
그리움 촉촉이 젖어드는 이른 아침
곱게 차려입은 까치발 소리에
임 오시는 줄 알았는데
햇살 내리는 양지쪽에 앉아
임 오시나 기다리고 있네

노을 지는 논두렁에 앉아 허수아비처럼
임 오시나 기다리네

보고 싶어 보고 싶어
애절하게 보고 싶어
눈물가득 잠재울 때
눈꺼풀에 얽힌 슬픔 두고두고 울다가
젖은 베갯잇에 얼굴이 묻히는구나

눈을 뜨고 일어나니
집 마당 텃밭에는 그대로인데
바지랑대 바라보며 또 한 번 젖는구나
기다린 세월 30여년
그대, 언제나 오시려나

기다림 · 2

이 세상에 영원한 것은
아무것도 없음을 아시나요

저다지도 곱고 고운
빛깔로 피어난 꽃이여
너의 고운 모습도 한순간인 것을
가슴 아파 울지 마라
여기 긴 기다림에 지친 한 사내는
너의 순간순간을 보았거늘
나에게 그 긴 기다림을
이젠 너의 가는 길에 보내려 함이다

오늘 생을 다한 너의 소박함
일상에 나의 기다림이
꽃이 되어
너를 닮아 가려 하구나

먼 훗날에 이슬 젖은 너의 모습을 보려
풀숲에 누워보련다

삶의 미련

살고 싶은 생각은 없는데
눈물나는 게 머리를 스친다

죽고 싶은데
걸리는 게 너무나도 많다

바라보고 느끼고 숨 쉬는
이곳이 참 행복하다 생각되지만

조여오는 이 아픔 이 고통이
나를 더욱 병들어 미치게 한다

오늘도 난 형체도 없는 글을 쓴다
진통제 하나 먹지 못해 온몸으로 견뎌가며

내 마음을 저 높은 하늘에 전해본다
더 안고 싶다고 더 느끼고 싶다고

허공

한번이라도 불빛 밝힌 적 없는
늙은 은행나무

사늘한 바람이 다녀간 후 노랑 잎은
싸늘한 아스팔트 바닥으로 보내고

나뭇가지 사이로 감도는
가로등 불빛이 그냥 허공이다

괴로움을 아름다운 불빛으로 삼킨 채
세상과 단절시키고 있다

아름다움이 외로움에 다다라
저렇게 맑은 눈물을 흘린 나

외로움이 되는지 쳐다보았을 뿐인데
그만 그리워하기로 했을 뿐인데

5부
나를 찾아가는 길

엄마네 집 홍매화

울 엄마 산소 앞에 홍매화 한 그루 심었는데
옆 동네 염소농가에서 염소가 탈출하여
꽃망울이 채 피기도 전에 다 먹어치웠다
봄 여름 가을이 가고 또 겨울이 가도록
홍매화는 초라한 모습으로 앙상한 가지만 고이 간직한 채
산소 앞 동백나무 아래서 쓸쓸히 겨울을 보내고 있다
우리 사람도 저 홍매화 같은 삶을 살아간다면 어떤 모습일까
올 봄에는 저 홍매화에게 정을 다주어
더 붉은 봉우리를 토하게 해 그 한스런 향을 봐야겠다
남들은 붉은 홍매화를 보았건만
울 엄마는 2년 만에 볼 작은 홍매화는
어떤 보습으로 엄마 곁으로 향할까

엄마에게 염소 잘 지키라고 기별을 넣어야겠다

59홉 세월

12월 찬바람이 세차게 분다
59살 사는 동안 사각사각 온몸에 파고드는 12월
서러움을 온몸에 가득 담은 채
새벽에 자동차 시동을 걸고 일터로 향한다
라디오 켜고 그래도 신나게 노래 부른다
헤아릴 수 없는 밤을 청소하시는 분만 드문드문 보인다
나는 저 분보다 그래도 따뜻한 곳에서 일하지 않은가
스스로를 위로하면서 자신에게 감사를 느낀다
59살까지 살면서 무엇을 그리워하며 걸어왔다 말인가
뒤돌아보면 태풍보다 빨리 흔든 59년
지나온 세월이 까마득하구나
그래도 지금은 행복하다
지나온 흔적이 나를 행복하게 귀여움을 토해낸다

나를 찾아 가는 길

내 마음에 살고 있는
짙은 그리움 하나
지지 않은 꽃등에 담아
흰 수수 한단 초가에 걸고
불두화 부처님 전에
살그머니 걸어놓고
독경소리에
그리운 이
오실 제
행여 길 잃으실까
걱정합니다

행복을 파는 월내장

겨울 바닷바람은 차디찬 바위 같다
월래 장은
바람막이 하나 없는
노천 장이다
시멘트 바닥에 쪼그리고 앉은
할머니와 젊은 부부
나는 내 나이만큼 먹은
아주머니한데 가서
이게 얼마예요 물었더니
이건 한 단에 삼천 원이고
저건 한 소쿠리에 오천 원 함더, 하신다
아주머니는 해풍에 시달린 그을린 얼굴로
작은 미소를 지으면서
아저씨 이것저것 떨이해주세요, 라 하신다

나는 한 소쿠리에 오천 원주고
행복을 샀다

내 고향 웅천리

철마면 웅천리
들판이 푸른 날은
산새가 노래하는 날

친구가 술 마시자며 검은 봉지에
막걸리 두어 병을 들고 오네

홍류계곡 물소리 내 목젖을 간지럽히고
들판이 황금빛으로 변하는 날

친구가 들에 가자고
막걸리 두어 병 들고 오네

홍연 폭포 물소리는 내 가슴을 울리고
친구의 우정은 내 마음에 퍼지네

낮잠

우리 집 구석구석
엄마 손길 안 닿으신데 없는데

엄마가 심으신 마당가에 감나무
지붕을 넘었는데

감나무에 감이 열기도 전에 엄마는
낮잠을 주무신다고 방에 들어가셨는데

벌써 20년 세월이 다 가버렸는데
엄마가 좋아하시던 감은 여전히 열리는데

여름방학

나의 유년시절 여름방학은
소를 돌보는 방학이라 해도 될 듯하다
아침에 우마장에 소를 몰아 올리는 것은 우리의 몫이었다
그리고 마을 가운데 시원한 당산나무 아래로 다들 모인다
송사리 떼같이 우르르 몰려다니는 유년시절
나이가 제일 많은 형아가 송사리떼 대장이다
대장이 앞장서면 우리는 어김없이 따라간다
마을 앞 냇가에는 우리들만의 수영장이 있다
대장이 가자는 명이 떨어지면 우리는 우르르 몰려간다
어떤 친구는 논두렁으로 웃통을 벗어가지고 달리고
어떤 친구는 옷 입은 채로 수영장에 바로 뛰어든다
나는 언제나 마른 쑥으로 귀를 단단히 막고 뛰어든다
송사리 떼 같이 아래로 위로 왔다 갔다 물장구 치고
자연의 심리에 맞추어 놀았던 우리의 유년시절
햇살이 서쪽 산으로 기울면 대장은 소를 찾으러 가자고 하고
우리는 옷을 후다닥 입고 아침에 소 올린 산으로 올라간다
조금 일찍 가는 산에 올라가는 날이면
두 패를 갈라 병정놀이를 한다
떡갈나무 잎을 모자를 만들어 쓰고 노는 국군놀이

어둠이 깔리면 소를 몰고 집으로 오는
우리 유년 시절의 여름방학

지금 나는 그 수영장과
소 올린 언덕을 오르고 있다

작은 것이 아름답다

작지만
세상 그 어떤 보석보다 아름다운 곳
그런 곳 세 군데를 다녀왔다

어제 오후 나의 모교인
철마면 와여리 위치한 철마초등학교
오랜만에 유년시절 추억을 담았다
그리고 장전리 우체국
아직 개인이 운영하는 우체국이다
부친이 운영하다 지금은 아들이 맡아 운영한다
장전리 교회
철마면사무소에서 두구동 가는 길섶에
옛 모습 그대로 담고 인적을 기다리는 백년이 넘은 장전교회

면사무소 옆 한 포기 그림처럼
고즈넉하게 자리 잡고 서 있는 철마초등학교
일 년 365일 시시사철 꽃이 피어나는 곳
그곳에 학생 80명 철마의 천사들이
꿈을 키우고 있다

몇 년 전만해도 학생수가 20여 명이었던 것이
영어선생님이 오시고부터 이웃마을에서 60명이나 전학을 왔단다
네 분의 선생님이 계셨는데 지금은 8명의 선생님들이 함께 한단다
평생 독자로 책이 삶의 일부가 되기 위해
책을 밥 먹듯 공부한다는 철마의 천사들
손수 가꾸며 흙속에서 삶의 지혜를 배우는
학교 뒤 텃밭의 각종 꽃과 농작물
학교 안팎이 그림 같은 철마초등학교
아니 그림보다 더 아름다운 곳
숨쉬기조차 힘든 콘크리트 삭막한
도회지에 사는 아이들에게는 천국 같은 곳
작지만 분명 아름다운 곳
아니 작기에 보석보다 더 아름다운 곳
철마초등학교다

* 2014. 7. 28. 오후 노을 지는 시각에 운동장 앞 소나무 아래서

나의 유월

진주알 같은 봄비가 소리 없이 뿌리는 날이다
내 머무는 곳 곰내골을 적시고 있다
나는 한 평 남짓한 공간에서
책을 펼치고 나만의 멋을 즐긴다
째즈가 아니더라도 멋진 음악의 선율에 잠겨
올해 만든 연차를 마신다
지나간 세월 친구들 많은 인연들
어려지는 마음을 이 음악에 담아본다
이슬비가 나의 마음 적시니
이 편안함 이 포근함 더욱 고와진 마음이다
다시없을 그리움과 사랑을 담아
남은시간 동안 제 멋에 겨워 살리라

가고 싶다

몇 날 며칠
어디로 가자
길 떠나 보자
따뜻한 봄날이
그리워진다
어디
바람이라도 불면
그 바람 따라
훨훨 날아서
그리운 이 곁에
가고 싶다
어딘지는 잘
모르지만
그래도
떠나고 싶다

보낸 세월

초저녁에 홍류저수지 둑으로 산책을 나섰네

백운에 달 가듯이 보낸 세월이
얼마인줄 몰랐더니 어느새 황혼일세
미운 정 고운 정에
쌓인 정은 명주실타래 같은데
고무줄 같은 인연 끈을 차마 놓지 못하고
못 다한 말들이랑 잊으리라 다짐해도
한여름 장맛비에 하늘도 슬피 울고
개망초 이슬 머금은 인연의 굴레 섧구나

백련이 고개 숙여 오고가는 이 반배하고
홍류동 가는 길섶 추억이 가득한데
저수지 둑에서 바라볼 수만 있어도 좋으련만

저녁달

하루 햇살은 서쪽으로
길 떠나고
텅 빈 들녘에는
하늘을 날 수 없는 새
바람은
그의 뺨을 아프게 스치고 가겠지만
저기 계곡으로 미끄러지는
저녁달은
나의 마음 안에서
울컥 글썽인다

이렇게 보낼 수는 없다

홀연히 떠나버린 아들딸들아
단원고 초목은 깊은 잠에 젖었는데
온 국민 하나되어 울었건만
무정한 바람은 우리 애들을 태우고
너무 멀리 가버렸네

우리도 데리고 가지
밤새 내리는 빗소리는
가신님의 눈물인가
가신님의 통곡인가
아침 일찍 까치소리에
무사귀한 있을 줄 알았는데
노을 지는 시각이면
팽목항에 엎드려 너희들 바라보고
물가에 앉아 너희들 오는가
기다리고 기다린다
보고 싶고 보고 싶다
애절하게 기다린다

눈꺼풀에 얽힌 슬픔에 얼굴이 묻히는 구나
눈을 뜨고 일어나니 햇살은 예나 같고
아침밥상 차리니 다시 눈물 차오르고
기다리고 기다리며 너희 모습 헤아릴 때
지나가는 별들도 흠뻑 울고 가는구나

누나의 삶

누나는 한세상 무엇을 보고
무엇을 느끼고 갔을까
얼마나 긴 세월 동안 아파하고 괴로워하면서
가족을 위해 참으면서
무엇을 가지고 갔을까
고달픈 삶을 스스로 위로할 수 없어
어떻게 살다 갔을까
그 힘든 고통을 무엇으로
위로받고 스스로 만족하고 갔을까
아름다움을 누릴 기회조차 없이
떠나야만 했던 누나의 생
누나는 '아주 긴 삶'이란 슬픈 시 한 편 남기고
많은 영혼을 고통이란 강물에 흘려보냈다
누나는 그럴 수밖에 없는 인생을 왜 살았을까
그러면 안 되는 66년이란 긴긴 고달픈 삶
그 경계에서 얼마나 외롭고 쓸쓸하였을까
여자로서 얼마나 아름다워지고 사랑받고 싶었을까
삶의 시를 쓴다는 거
그 시를 위한 삶을 산다는 거

아마 행복했으리라
누나는 그 마음으로 긴 세월 한세상 살았기에
고통스럽다는 것조차 누나한데는 사치였다
누나를 닮은 시 만이 오직 누나를 위로 했으리
누나는 삶이란 고통의 강물에 시를 적시고 떠났다

사랑하는 손자 손녀들아

너희들이
우리와 인연을 맺어 우리 식구가 됨을
할아버지 할머니는 기쁘게 생각한단
너희들은 자라고
먼 훗날 할아버지 할머니는 너희들과 이별을 하겠지
너희들은 기억이 나지 않겠지만
우리는 너희들을 내 몸보다 더 사랑했었단다
사랑하는 손자손녀들아
할아버지 할머니가 이 세상에 없더라도
제발 잊지 말고 좋은 것들만 기억해다오
사랑하는 나의 손자손녀들아
할아버지 할머니가
너희들과 같이 놀 날이 얼마나 주어질지 몰라도
우리는 지금 이별이 온다고 하여도 한없이 기쁘구나
은서야 영민아 가은아 나은아 재민아
이게 너희들 이름을 불러보는 것이 마지막이라 해도
할아버지와 할머니는 슬퍼하지 않겠다
너무 기뻐서 눈물이 나려고 하는구나
사랑하는 나의 손자손녀들아

건강하고 착하고 성실하고
다른 사람이가 너희들을 존경할 수 있도록 자라다오라
특히 아버지 어머니 말씀 잘 듣고
나라에 충성하고 부모한데 효도해다오
너희들이 자라서 가정을 이루고 어른이 되면
오늘 이 글을 너희 아이들 한데 그대로 전하거라
꼭 그렇게 해야 하느니라.
사랑하는 나의 손자 손녀들아
부디 명심해서 즐거운 삶을 살아야 하느니라
사랑한다 은서야 영민아 가은아 나은아 재민아
형제 간에 집안간에 싸워서는 절대로 해서는 안 된다
사랑한다 손자 손녀들아

할아버지 할머니가

나의 11월

텅 빈 침묵 속에 11월은
나의 공터다
완전한 미움을 통해
임께서 빠져나간 마음에 자리는
무아가 될 때 어둠은 휘어지고
쓸쓸히 엉키는 바람에 달빛이 날린다
빈 가슴에 달빛 향기를 실어 나른다
텅 빈 악보와
음악이 없어도 쏟아지는 달빛의 향기
그 나눔을 느낄 수 있다
이 세상 어느 누가
이처럼 아름다운 달빛을 만들 수 있을까

달은 산을 넘어 숨어버린다

친구야 · 1

–낚시하는 종성이 친구에게

힘들 때 어깨를 빌려주는 친구
피곤할 때 등을 빌려주는 친구
그런 친구 하나 쯤 있으면
살맛나는 세상이겠지
그래
살다가 마지막 삶을 다했다고 생각될 때
친구야 나 먼저 간다
니 는 조금 더 있다 오이라
전화해주는 친구
하나 쯤 있으면 떠날 때
쓸쓸하지 않겠지 친구야

친구야 세월을 낚는구나
아까운 시간 흘리지 마라
새도 못 쪼아 먹는 것이 사람 마음이라고
아무데나 흘리지 마라
달빛에도 비치지 않는 마음인 것을

친구야 · 2

언제나 하나의 글로 아침을 여는 친구야
멋져!
아, 좋구나
바람 없는 아침이여
지그시 눈 감고
곰내골 햇살을 먹어보니
산야가 온통
가슴까지 젖어드는구나
세상도 이리 조용해다면
너와 나 둘만 살아도 좋겠구나
사랑하는 친구 종복아

* 정종복 친구가 이른 아침에 카스에 글 올리는 것 보고 쓰다.

<작품해설>

가재를 잡듯 추억의 돌멩이를 들춰내면서도 맑은 마음의 물을 유지함

김순진(문학평론가 · 고려대 평생교육원 시창작교수)

작품해설

가재를 잡듯 추억의 돌멩이를 들춰내면서도 맑은 마음의 물을 유지함

김순진(문학평론가 · 고려대 평생교육원 시창작교수)

김윤득 시인과의 만남은 21세기 문명의 이기로부터 시작되었다. 그는 컴맹이다. 그의 작품들은 모두 필기로 쓰여 있다. 그런 그가 어떻게 독자나 스토리문학사와 연결될 수 있었었을까? 평소에 독자와의 소통방법으로 스마트폰 SNS를 회사 운영의 한 방식으로 채택하고 있는 우리 스토리문학사는 스마트폰 SNS를 통해 보다 다양하고 넓은 독자층을 확보해왔다. 스마트폰을 사용하는 김윤득 시인은 우리 출판사 운영진과 카카오스토리로 자주 만나는 친구였고, 필자는 스마트폰을 통해 처음 시를 쓰게 된 김윤득 시인에게 용기를 드리는 말을 자주 건넸다. 칭찬은 고래도 춤추게 한다고 하지 않던가? 김윤득 시인은 용기를 내서 날마다 시를 써 자신의 카카오스토리를 장식했고, 많은 사람들이 그의 글에 관심을 보이기 시작했다. 급기야 그는 많은 고정 팬을 확보하기에 이르렀고, 이제 그는 카카오스토리 친구들 사이에서 인기 있는 시인으로 통한다. 그 이유는 무엇일까? 그의 시는 쉽다. 적당한 감성을 섞어 독자들의 감정을 자극한다. 고향과 농촌의 정서를 적당한 그리움으로 버물려서 독자의 입맛에 맞는 시를 생산해낸다.

그는 어디서 체계적으로 시를 배운 바 없지만 그의 작품은 오히려 자신의 확고부동한 틀에 갇혀 헤어 나오지 못하는 사람에 비하면 적어도 형식면에서 자유로우며 사유의 면에서도 웅숭깊다. 그러면 이쯤해서 김윤득 시인의 시를 한 수 한 수 읽어가면서 그의 마음세계를 여행해보자.

온종일 걸어온 놀빛이 저녁으로 기울자
사람 없는 곰내골 들녘은
볼거리 눈요기꺼리도 없는 텅 빈 공간이다
노인정에 머무는 이는
그림자가 이끌어 집으로 가고

한 잔하는 이는 한 잔한다
한 잔에 한 잔 더
위하여가 없어도
꼭 한 잔 더 한다

오늘의 모든 일은
잔소리로 일어나고
잔소리고 저무는
곰내골 구판장

달빛이 좀 더 기울자
불빛이 꺼진다

– 「곰내골 사람들」 전문

김윤득 시인이 태어나고 자란 곳은 곰내골이라는 곳이다. 곰내골이란 부산광역시 기장군 철마면에 위치한 시골마을이다. 김윤득 시인이 나고 자란 곰내골에는 연밭이 있고 근처에는 수도암이란 암자와 홍류동 계곡 등 그의 생각을 키우고 넓히는데 일조해온 지명과 자연환경이 있다. 곰내골은 그의 생각에 대부분을 차지한다고 해도 과언이 아닌 그의 고향이다. 그는 자신이 나고 자란 고향을 사랑한다. 그리고 지금도 그곳에 살고 있다. 시집 제목이기도 한 이 시 「곰내골 사람들」은 곰내골 사람들의 일상을 가감없이 그려낸 한 폭의 수채화다. 시는 글로 그린 그림이다. 따라서 그의 곰내골 수채화는 몇 가지 색의 파스텔로만 그려져 있다. 그는 너무 적나라한 색깔로 그려진 유화보다 약간 빛이 바랜 색깔의 수채화를 그림도구로 택한다. 그래서 곰내골 사람들의 일상을 미주알고주알 파헤치지 않고도 저녁이 되면 사람들은 모두 집으로 드는 풍경, 그 중에 미련이 남아 한 잔 더 하고 가자며 친구의 팔을 붙드는 풍경을 그려낸다. 위할 것이 없는 건배사 '위하여!' 결국 곰내골 사람들이 외치는 '위하여!'는 잔소리로 일어나고 잔소리로 저무는 구판장에 먼지 쌓여가는 공산품 같이 것이 하릴 없이 보이지만 그래서 더욱 소중한 것이 아닐까? 지금 곰내골 사람들의 시간은 서서히 달빛이 기울자 가로등 불빛이 꺼지는 안개 자욱한 새벽이다. 설렘이 있는 곰내골의 시간, 필자는 김윤득 시인이 펼쳐놓은 곰내골 그림 한 장 속에서 물안개 피어오르는 연밭둑을 걷는다.

내가 떠나온 골목
구슬치기 제기차기 깡통차기 숨바꼭질…
내 어릴 적 놀이들이다
정월달이면 들판에서 연날리기와
냇가 얼음 위에 설매타기에
친구들이랑 시간가는 줄 몰랐다
해가 지고 어둠이 내리면
다른 아이들은 엄마가 데리러 오는데
가난에 바쁜 내 엄마는 보이질 않았고
나는 언제나 혼자였다
홀로 집으로 들어가면 엄마가 안 계시는 집
나는 쓸쓸함과 어두움과 싸워야 했다
기다림과 추위에 지쳐 배가 고프면
당연히 혼자서 찾아먹어야 했다
아무도 없는 빈 집에서 늘 외로움과 싸워야 했다
그래서 나는 지금까지도 홀로 있는 것에 익숙해져 있는 것 같다
나는 빈집이 너무 싫다
쓸쓸한 골목에 외로운 빈집
지금의 이 빈집에도 한 아이가 홀로 놀고 있다

– 「빈집」 전문

그의 어머니는 43세에 김윤득 시인을 낳았다. 그리고 홀로 김윤득 시인을 키우느라 행상을 하셨다. 그러니 김윤득 시인은 늘 혼자 지내야 했다. 들에서 늦도록 놀고 있으면 다른 아이들은 엄마가 이름을 부르며 밥을 먹으라고 데리고 들어갔지만 시인의 어머니는 언제나 행상을 다니다가 밤이 늦어야 돌아오셨으므로 그

는 늘 혼자 밥을 먹고 혼자 집을 지켜야 했다. 그래서 일까? 그는 지금도 홀로 지내는 것에 대하여 무릎관절이 꺾이는 것처럼 익숙하다. 그땐 어머니가 행상을 가셨기에 빈집이었고, 지금은 어머니가 돌아가셨기 때문에 빈집이 된 집. 그 집은 시인에게 쓸쓸한 추억을 채우고 고독이 자라게 하며 혼자 사는 법을 가르쳐 주어 시인이 되게 만든 집이다. 얼마 전 그가 스토리문학사 사무실에 방문한 적이 있다. 외모로만 보면 씨름선수를 연상시키는 우람한 체격이었지만 얼굴을 보면 중년의 외모 속에는 동심의 어린이 한 사람이 아직도 벽에 낙서를 하며 어머니를 기다리고 있었다.

모내기가 벌써 끝났다
불과 일주일도 채 걸리지 않아서
옛날 같으면 한 달 이상 걸렸을 텐데

철마 앞들은 물론이고
천수답도 골짜기 다랑이 논들도
연초록 모들로 넘실거린다

한 때 타작밥과 더불어
가장 인심 좋던 못밥
이웃은 물론이고
지나가는 낯선 이들에게까지
골고루 나눠먹던 못밥
못밥을 먹을 때는 동생을 업고 한 명은 데리고
가서 먹는 게 못밥이다

(중략)

학교 점심종이 울리기 무섭게 엄마가 모내기하는 집이나 들로
한 걸음에 달려가 얻어먹던 못밥
못밥 반찬은 어느 집이나 비슷했다
하얀 쌀밥에 미역국, 납세미 찌진거, 두부조림, 멸치볶음, 오이 김치…
좀 사는 집에는 돼지고기 두루치기 못밥은 고두로 가득했다
집에서 담은 막걸리까지 20명 넘는 일꾼들이 우리 마을에는 모래 소나무 아래
장밭탄에 소나무 아래 있던 지금의 연꽃단지
아니면 당산에는 한 달 이상 못밥을 먹는 곳이다
꿀맛이었다

－「못밥이 그립다」 부분

농사꾼의 아들인 필자도 시인처럼 못밥이 그립다. 두레라고 하여 모내기를 다 할 때까지 한 집에 2명씩 의무적으로 모내기를 하러 다니던 시절이 있었다. 그때 어머니는 일꾼만 60여명에 이웃사람, 아이들까지 100여명의 밥을 해내셨다. 어머니와 이웃집 아주머니는 광주리에 밥과 반찬을 이고 나는 막걸리 주전자와 물통을 들고 밥을 내가던 생각이 난다. 시인의 말처럼 지금은 타고 다니는 이앙기로 모를 내어 보름 정도면 그 너른 벌판의 모내기가 끝난다. 이앙기로 한 두 명이 모를 내니까 당연히 못밥은 사라지고 그곳에 자장면이나 볶음밥이 판을 치게 되었다. 그러니 이웃에게 막걸리 한 잔 나눌 수 없는 농촌사회가 되어버렸다. 시인의 말처럼 "논두렁에 퍼질러 앉아 / 도타운 이웃과 오순도순

나눠먹던 못밥"이 그립다. 아직 밑이 덜 앉은 하지감자를 조심조심 큰 것으로만 골라 캐어 감자볶음을 해나가시던 어머니가 눈물나게 그립다. "어이, 이보시게! 얼른 와 점심 자시고 하게!"라며 이웃을 불러대던 목소리가 지금도 아련하게 들린다.

12월 찬바람이 세차게 분다
59살 사는 동안 사각사각 온몸에 파고드는 12월
서러움을 온몸에 가득 담은 채
새벽에 자동차 시동을 걸고 일터로 향한다
라디오 켜고 그래도 신나게 노래 부른다
헤아릴 수 없는 밤을 청소하시는 분만 드문드문 보인다
나는 저 분보다 그래도 따뜻한 곳에서 일하지 않은가
스스로를 위로하면서 자신에게 감사를 느낀다
59살까지 살면서 무엇을 그리워하며 걸어왔다 말인가
뒤돌아보면 태풍보다 빨리 흔든 59년
지나온 세월이 까마득하구나
그래도 지금은 행복하다
지나온 흔적이 나를 행복하게 귀여움을 토해낸다

－「59홉의 세월」

이 시는 그가 59세가 되던 해 12월에 쓴 시다. 그는 지금 육순의 나이일 것이라 추측된다. 그가 59년의 긴 세월을 살아오는 동안 세파의 찬바람은 사각사각 온몸으로 파고들었다. 59홉의 세월! 너무나 시적인 제목이다. 살아온 발자취를 뒤돌아보며 자신을 낮추고 겸손해하는 말이다. 한 해에 한 홉 정도만 이루었다는 말로 들린다. 1홉을 액체의 양으로 말하면 180.39cc나 180.39ml다. 우리의 양으로 따지면 한 되가 조금 안 된다. 0.1되 정도니까 10홉이라야 막걸리 한 되라 할 수 있다. 바꿔 말하면 59년의 세월을 살았지만 소주 2홉들이 30여 병을 마신 잠깐의 세월에 지나지 않는다는 말로도 들린다. 시인은 매일 새벽이면 출근하는 일을 하는가 보다. 새벽바람을 가르고 출근을 하다보면 밤새도록 쓰레기를 치워가고 있는 환경미화원들을 만난다. 그런 분들을 생각하면 자신의 일이 얼마나 감사한 일인가를 깨닫게 된다. 작가의 말처럼 59년의 인생을 뒤돌아보면 태풍보다 빨리 지나온 세월이다. 필자 역시 친구들과 질들인 마당가에서 딱지치기, 자치기하고 놀던 때가 엇그제 같은데 벌써 초로의 중년이 되어 있다. 사람은 내려다보고 살 수 없고, 뒤돌아보며 살 수 없다고 한다. 위를 보고 살아야 하고 앞을 보고 살아야 한다는 말이니 앞으로 시를 쓰면서 행복한 인생, 즐거운 인생을 꿈꾸시길 빈다.

어둠이 채 가시기도 전에
등대 불빛을 길 삼아
수평선을 나서는 노 부부
잠이 채 깨기도 전에
잠을 깨우는 저 뱃소리
멀리 사라져가는 노부부는
어둠을 싣고 가는가 보다
한나절보다 더 한나절 시나서야 돌아오는
저 배는 고기는 없고
어둠을 싣고 다시 온다

이른 아침에 연꽃은 이슬에 젖어
우리의 마음을 청정하게 하여주고
연의 발은 더러운 진흙탕에 빠져있어도
중생의 고달픔을 알고
향기를 내뿜어 온 누리에
바람 따라 보내고
연꽃은 입을 다 문채
무언으로 설법하네

－「기장 사람」 전문

기장군은 부산광역시에 속하는 군으로 바닷가에 위치하고 있다. 따라서 기장군 사람들은 어업에 종사하는 사람도 있고 농업에 종사하는 사람도 있으며 상업에 종사하는 사람도 있다. 이를테면 다양한 직업군이 함께 공존하는 지역이다. 그런 지역이니만치 어업에 종사하는 사람들을 흔히 볼 수 있다. 새벽에 일찍 출근을 하다보면 시인의 눈에 "어둠이 채 가시기도 전에 / 등대 불빛을 길 삼아 / 수평선을 나서는 노 부부"가 눈에 보인다. 어둠을 가르며 멀리 바다에 나갔다가 한나절에 또 한 나절 만에야 고기를 못 잡고 어둠을 싣고 돌아오는 노 부부의 빈배는 을씨년스럽기 그지없다. 그러나 그것이 인생이라는 것을 시인은 말하고 있다. 날마다 만선일 수는 없다. 빈 배를 띄우고 바다 위에서 출렁일지라도 어부는 바다에 나가야 한다. 그것이 어부의 일과다. 그러다 보면 고기를 못 잡는 날도 있고 만선을 하는 날도 있는 것이다. 그런 어부를 바라보며 그는 연꽃밭을 지나 출근을 한다. 연꽃은 "더러운 진흙탕에 빠져있어도 / 중생의 고달픔을 알고" 온 누리에 향기를 내뿜는다. 입을 다문 채 무언으로 삶은 만선을 꿈꾸다가 시시때때로 빈 배로 들어오는 것이라 '무언으로 설법'을 한다고 연꽃을 통해 대신 말하고 있다.

울 엄마 산소 앞에 홍매화 한 그루 심었는데
옆 동네 염소농가에서 염소가 탈출하여
꽃망울이 채 피기도 전에 다 먹어치웠다
봄 여름 가을이 가고 또 겨울이 가도록
홍매화는 초라한 모습으로 앙상한 가지만 고이 간직한 채
산소 앞 동백나무 아래서 쓸쓸히 겨울을 보내고 있다
우리 사람도 저 홍매화 같은 삶을 살아간다면 어떤 모습일까
올 봄에는 저 홍매화에게 정을 다주어
더 붉은 봉우리를 토하게 해 그 한스런 향을 봐야겠다
남들은 붉은 홍매화를 보았건만
울 엄마는 2년 만에 볼 작은 홍매화는
어떤 보습으로 엄마 곁으로 향할까

엄마에게 염소 잘 지키라고 기별을 넣어야겠다

— 「엄마네 집 홍매화」 전문

이 시는 한 편의 동화를 보는 것 같이 재미있기도 하고 한 편의 슬픈 영화를 본 듯 알싸하기도 하며 무슨 잘못을 저지르고 난 뒤 어머니한테 한 차례 꾸지람을 들은 듯 반성이 되기도 한다.

어머니의 산소 앞에 홍매화 한 그루를 심었더니 이웃집 염소가 와서 꽃이 채 피기도 전에 작은 꽃망울을 따 따먹어버렸다. 꽃과 잎이 없는 홍매화 한 그루가 시인의 눈에는 마치 가족이 없는, 이웃에게 외면당한 소외된 이웃처럼 보인다. 시인은 죽지 않는다. 김소월도 이육사도 윤동주도 우리들 가슴속에 청년의 모습으로 살아있다. 정치인이나 기업인 등 범인들은 죽으면 앞에다 고故자를 붙이지만 박목월, 조지훈, 유치환에게 고故자를 붙이는 사람은 들어보지 못했다. 그뿐만이 아니다. 시인이 부르는 모든 이름들은 살아있다. 바위도 콘크리트도 아스팔트길도 거울도 시인 앞에서는 모두 살아 숨 쉰다. 죽었던 어머니도 할머니도 증조할아버지도 시인이 부르기만 하면 그 시 속에 집을 짓고 영생한다. 김윤득 시인의 어머니는 여전히 '엄마네 집'에서 '홍매화'와 함께 살고 계신다. 그러므로 김윤득 시인은 '어머니가 보고 싶다'는 말 대신 '엄마에게 염소 잘 지키라고 기별을 넣'을 수 있는 것이다.

겨울 바닷바람은 차디찬 바위 같다
월래장은 바람막이 하나 없는 노천 장이다
시멘트 바닥에 쪼그리고 앉은
할머니와 젊은 부부
나는 내 나이만큼 먹은 아주머니한데
이게 얼마예요 물었더니
이건 한 단에 삼천 원이고
저건 한 소쿠리에 오천 원 함더, 하신다
아주머니는 해풍에 시달린 그을린 얼굴로
작은 미소를 지으면서

아저씨 이것저것 떨이해주세요, 라 하신다

나는 한 소쿠리에 오천 원주고
행복을 샀다

– 「행복을 파는 월내장」 전문

시인이 태어나면 그 시인이 사는 모든 지명들은 유명한 곳이 된다. 지금껏 한 번도 월내장이라는 장터 이름을 들어본 적 없던 나는 이제 월내장에 가고 싶어졌다. 자신이 가장 잘 쓸 수 있는 시는 무엇일까? 어떤 사람은 도시에서 태어났기 때문에 추억이 없어서 시인이 되지 못할 것 같다고 말한다. 그것은 틀린 말이다. 그 유년시절 당시에 나오는 TV드라마나 라디오연속극, 놀이, 풍습 등 모든 것이 시의 소재가 될 수 있기 되기 때문이다. 세상의 모든 작가들은 모두 자기 이야기 쓰기로 유명해진다. 자기 고향의 당산나무와 초등학교와 하던 놀이와 가정의 풍습과 먹을거리와 부모님께서 물려주신 언어습관과 사투리까지도 문학작품의 소재가 된다. 아버지한테 들은 이야기, 이웃에게 들은 이야기, 전래되어 내려오는 이야기가 자신의 문학작품 속에 녹아들어 최고의 문학이 되는 것이다. 그래서 박경리는 아버지가 약국을 하셨는데 『김약국의 딸들』을 썼고 현기영은 제주도 출신 작가로 4.3사건을 소재로 한 『순이 삼촌』을 썼으며 구인환도 자신의 고향에서 일어난 6.25전쟁 이야기 『기벌포의 전설』을 씀으로서 자신의 고향을 알리고 작가로서 입신양면의 기회로 삼았던 것이다. 따라서 김윤득 시인이 써온 「웅천 홍류동 계곡」, 「철마의 가을」, 「행복을 파는 월내장」, 「내 고향 웅천리」 등의 작품들은 매우 중요한 소재들이다.

이상에서와 같이 김윤득 시인의 시를 몇 편 들여다보며 그의 시세계에 대하여 알아보았다. 그는 부산광역시 기장군 철마면 웅천리에서 태어나 자랐고 지금도 그곳에서 살고 있다. 그래서 그의 시를 이야기하자면 어머니와 고향을 이야기하지 않고선 접근 자체가 어렵다. 그러나 그는 고향을 이야기하면서, 추억을 이야기하면서, 친구를 이야기하면서도 과거에 매달리지 않는다. 가재를 잡듯 추억의 돌멩이를 들춰내면서도 맑은 마음의 물을 유지한다. 냇가에 나가 밤고기를 잡으면서도 희망의 등불을 꺼뜨리지 않는다. 그의 시는 감탄사의 남발로 자기도탄에 빠지지 않는다. 쉬운 말로 써내면서도 하고 싶은 말은 삼가고 독자로 하여금 공감대를 형성할 수 있도록 배려한다. 그래서 시집을 다 읽고 나면 딱딱한 들마루에 앉은 듯하지만 쿠션이 좋은 안락의자에 앉은 듯 편안해진다. 별이 쏟아져 내리는 여름밤에 마구간에서는 워낭소리 들리고 마당가에는 모깃불 피어오르는 풍경이 연상된다. 이제 시작이다. 긴 방황은 끝났다. 목표는 설정되었다. 늦게 택한 시인의 길은 그를 오래도록 행복하게 할 것이다. 첫 시집의 상재를 축하드린다.

김윤득 시집

곰내골 사람들

초판인쇄일 2014년 9월 1일
초판발행일 2014년 9월 3일

지은이 : 김윤득
도서출판 문학공원
발행인 : 김순진
편집장 : 전하라
디자인 : 김초롱
등 록 : 2004년 3월 9일 제6-706호
주 소 : (우편번호 130-814)서울 동대문구 난계로 26길 17호
삼우빌딩 C동 302호 스토리문학사
전 화 : 02-2234-1666
팩 스 : 02-2236-1666
홈페이지 : http://cafe.daum.net/yob51
이메일 : 4615562@hanmailnet